gespräche mit jonas

..machen Mut zum Leben

Zweifel sind Härte

und zerren an mir

Wolfgang Nicolaus

Bibliografische Information
der Deutschen Nationalbibliothek:
Die Deutsche Nationalbibliothek verzeichnet diese
Publikation in der Deutschen National-
bibliografie. Detaillierte bibliografische Daten
sind im Internet über http://dnb.dnb.de abrufbar.
© 2022, Wolfgang Nicolaus
Herstellung und Verlag: BoD – Books on Demand,
Norderstedt
ISBN
9783754383940

www.gespräche-mit-jonas.de
Wolfgang Nicolaus
Blasewitzer Ring 7, 13593 Berlin
Tel.: 03036742015
Mail: opanic@web.de

Covergestaltung: Wolfgang Nicolaus
Bildnachweis: antimartina 123 RF

Inhaltsverzeichnis   Seite

Hinweis

Hier werden Gespräche zwischen Jonas und dem Autor wiedergegeben. Die Hinweise, die währenddessen von Jonas kommen, sind von ihm auf meinen individuellen Weg zugeschnitten und aus himmlischer Sicht zu interpretieren. Eine Gültigkeit für jedermann ist daher nicht ableitbar. Es können Informationen in das eigene Leben integriert werden, sofern sie nützlich erscheinen.

Die Gespräche mit Jonas weichen auch oft von dem ab, was über Themen wie diese üblicherweise geschrieben wird, weil er eine ganz andere Übersicht hat als Menschen, die aus einem begrenzen Sichtfeld agieren.

Kraft deiner eigenen Entscheidungsfreiheit kannst du dem Dialog mit Jonas unter diesem Aspekt etwas abgewinnen oder nicht. Das bleibt ganz dir überlassen.

Wer ist Jonas?

Jonas ist mein übergeordneter Begleiter, Freund und abendlicher Gesprächspartner aus einer höheren Daseinsebene. Er hilft mir, Lebensbereiche, auch weit über dieses irdische Leben hinaus, zu erforschen. In jedem Falle werden mir dabei viele neue, interessante Sichtweisen aufgezeigt. Wenn Jonas etwas mit mir bespricht, ist seine Antwort schon in meinem Kopf, bevor ich eine Frage zu Ende gebracht habe. Dabei ist er schonungslos offen und gibt Antworten, die mich oft sehr nachdenklich machen. Und das ist gut so, sonst komme ich mit meiner inneren Entwicklung nicht weiter. Ab und zu muss ich einen Tritt in den Allerwertesten haben, bevor ich den Gleichnamigen bewege. Jonas ist Freund, nicht Lehrer. Das macht Sinn, wenn man bedenkt, dass ich eigene Erfahrungen machen muss, um Erkenntnisse daraus zu gewinnen. Er gibt Anstöße zum irdischen Leben in Ausrichtung auf die Werte, die im Himmel als Existenzgrundlage unabdingbar sind.

Kann man so lange an Gott zweifeln wie ich?

Meine Zweifel an Gottes Existenz beschäftigten mich einen Großteil meines Lebens. Aber warum war das so? Und wie gehen andere mit dieser Frage um? Stellen sie sich diesen Zweifeln vielleicht bewusster als ich? Kommen sie schneller zu einer Entscheidung? Oder haben sie solche inneren Auseinandersetzungen gar nicht?

Ich kann also kaum mein eigenes Leben als Maßstab ansetzen, denn mein persönliches Empfinden über durchlebte Schwierigkeiten werden vermutlich von anderen, schwierigeren Leben überboten.

Also was bilde ich mir eigentlich ein, so lange damit zu hadern? Lag es schon immer in mir? Oder habe ich mir das als Aufgabe vorgenommen, damit so lange im Clinch zu liegen? Löste das Missbrauchserleben mit meinem Vater diese Zweifel aus?

Inzwischen ist es mir nicht mehr wichtig wie lange ich damit zu tun hatte. Diese lange Zeit trug sicher dazu bei, jetzt ganz sicher zu sein. Das Ergebnis zählt.

Gehe ich davon aus, dass ich mir vielleicht so große Zweifel als Aufgabe dieses Lebens vorgenommen hatte, dann gab das Missbrauchserleben den Zweifeln direkte Nahrung, weil es mitten ins Herz traf.

Gehe ich davon aus, dass Zweifel ganz normal sind und auch etwas Gutes haben, weil sie etwas in Bewegung setzen, dann waren sie nützlich für mich im Begreifen der Sinnhaftigkeit vom Leid an sich. Denn übermäßig zu zweifeln bedeutet zu leiden.

Egal, wie ich darüber sinniere, Zweifel wohnen in jedem Menschen und folglich auch in mir. Das Toxische liegt in der Verdrängung und nicht in der Konfrontation mit den eigenen Zweifeln.

Sie sind also nicht von sich aus negativ, sondern werden erst dazu verurteilt.

Zweifel machen auf etwas aufmerksam. Sie sind ein Helfer, solange nicht zugelassen wird, dass sie das Leben übernehmen.

Das folgende Gespräch mit Jonas drückt aus, wie lange ich damit zubrachte, meine Zweifel zunächst klar zu definieren.

Ich rufe Jonas

„Was bedrückt dich heute?"

„Ich habe so viele Zweifel und weiß nicht, woher sie kommen. Sie erdrücken und lähmen mich."

„Woran zweifelst du?"

„Es ist nicht richtig definierbar."

„Zweifelst du an dir selbst?"

„Auch. Und ich sehe, dass sich viele Menschen ebenfalls mit Zweifeln herumschlagen. Das macht mich traurig, weil eine Lösung dann immer so weit weg erscheint."

„Ok, gehen wir einmal an die Details", sagte Jonas.

Zweifel kommen aus dir, nicht von außen

„Was könnte damit gemeint sein, mein Freund?"

„Ich denke, wenn ich mir selbst unsicher bin, egal woran ich zweifle, dann sind es innere Zweifel."

„Ein wenig dünn, mein lieber."

„Wie jetzt, Jonas? Du fragst mich etwas und dann kriege ich immer was auf den Deckel."

„Wirst du jetzt mal wieder ungehalten?"

Nein, aber immer muss ich dir jede Einzelheit aus der Nase ziehen!"

„Du bist derjenige, der etwas aus der Sicht des Himmels lernen will. Ich weiß es doch schon."

„Na du bist auch der Lehrer, nicht ich."

„Lehrer hin und her. Ich dachte, wir hätten uns auf Freund geeinigt, nicht auf Lehrer. Und du könntest schon aus eigenem Antrieb auf eine Lösung kommen. Oder soll ich dir was aus dem großen, dicken Buch vorlesen?"

„Du ärgerst mich wieder, Jonas."

„Du braucht es doch."

„Können wir jetzt normal reden?"

„Immer."

„Also, ich denke, wenn ich meine Zweifel nicht an etwas Bestimmten festmachen kann, dann sind es innere Zweifel."

„Wie kommst du darauf?"

Ich sehe keinen Knüpfpunkt für meine Zweifel. Sie bleiben so allgemein. Eben nicht definierbar."

„Hmm. Und die definierbaren? Wo kommen die her?"

„Von außen."

„Aha. Und sind diese dann anders als die von innen? Was wäre dann anders? Wie würde sich das ausdrücken?"

„Ich kann sie an irgendetwas festmachen. Sie rühren von etwas her und sind somit definierbar."

„Gib mir ein Beispiel."

„Na wenn ich eine Arbeit angenommen habe, die mich nicht ausfüllt, und ich nach geraumer Zeit daran zweifle das Richtige getan zu haben."

„Das wäre nur ein Auslöser für Zweifel. Aber es liegt nicht an der falschen Entscheidung, die dir später erst als vielleicht falsch gewahr wird, sondern an deiner inneren Einstellung dazu."

„Versteh ich nicht so ganz, Jonas."

„Zweifel sind IMMER innere Vorgänge. Alles, was von außen kommt, ist Auslöser, nicht Ursache."

„Das wird kompliziert, Jonas."

„Das erscheint nur so. Du muss genau hinschauen. Also, bist du damit einverstanden, dass Zweifel immer eine innere Sache sind?"

„Damit stimme ich grundsätzlich überein, Jonas. Doch woher kommen dann diese Zweifel?"

„Die Ursachen sind vielfältig. Das menschliche Gemüt ist recht komplex und sucht sich gerne Auswege, um nicht direkt mit etwas konfrontiert zu werden. Man könnte das auch (weitläufig) unter Bequemlichkeit verbuchen. Es braucht eine gewisse innere Stärke und Gelassenheit, um direkt auf Probleme zu schauen, bevor Zweifel entstehen. Diese kommen nur zustande, wenn du etwas schleifen lässt, mit etwas haderst, vielleicht auch grundsätzlich Neuem begegnest. Läuft alles rund, hast du auch keine Zweifel."

„Schön, dass du mir wieder meine Unvollkommenheit vor Augen führst."

„Das ist nicht Unvollkommenheit, du nimmst es nur zu oft persönlich."

Muss ich doch, denn es betrifft ja mich, oder was?"

„Nimm dich selbst nicht so wichtig. Es kommt auf die außerpersönliche Sicht an."

„Und diese einzunehmen, wenn man Zweifel hat, ist genau der Tipp, den ich jetzt gebrauchen kann. So schnell kann ich nicht umschalten."

„Klar, wenn du im Prozess drin bist, dann geht das nicht so leicht.

Aber das ist nur am Anfang so. Wenn du außerpersönliches Betrachten übst, dann stehst du schneller über den Zweifeln. Du kannst sie dann trotzdem haben, aber sie steuern dich nicht, sondern machen dich auf etwas aufmerksam. Dann bleibst du der Steuermann. Sonst fressen dich die Zweifel auf und bleiben undefinierbar. Damit hast du zugelassen, dass sie dich vereinnahmen."

Zweifel aus geringem Selbstwertgefühl

„Ich denke, das haben viele Menschen, Jonas."

„Stimmt. Was denkst du, woher das kommt?"

„Na, weil sie an sich zweifeln."

„Also unsicher sind?"

„Genau."

„Zweifel stammen also aus Unsicherheit?"

„So sehe ich das, ja."

„Also Unsicherheit mündet in Zweifel?"

„Vielleicht noch aus Angst."

„Ok. Aber löst Angst immer Zweifel aus?"

„Weiß ich nicht mit Bestimmtheit. Ich vermute das nur."

„Also doch nicht so einfach, das Ganze?"

„Ja, Das sehe ich jetzt auch. Aber was kann ich dann gegen Zweifel tun?"

„Sie vielleicht in deiner Biografie zu ergründen suchen. Das machen viele Therapeuten so."

„Ist das ein guter Weg, um einen eventuellen Auslöser zu finden?"

„Du kennst die oberste Maxime des Himmels, mein Freund. Nochmals zur Erinnerung: Alles, was dich ins BINDEN führen kann, solltest du unterlassen. Alles, was dich zum LÖSEN bringt, solltest du zulassen."

„Und ein Therapeut? Wo führt der mich hin?"

„Denk mal selbst darüber nach, ich gebe dir keine Pille, die du nur schlucken musst, um Klarheit zu haben."

„Wie könnte mich also jemand ins Binden führen?"

„Wenn man etwas in der Vergangenheit sucht, und sucht, und sucht…."

„Ist doch nicht schlecht, oder?"

„Grundsätzlich nicht. Es kommt leider häufig vor, dass das nicht mehr aufhört. Und dann kreist du nur noch um dich, versinkst oft in Selbstmitleid und Schuldzuweisungen.

Frage: Was wäre besser. Nach vorne zu schauen oder den Kopf beim Laufen nach hinten zu halten, um im vergangenen Weg zu suchen, wo du einmal falsch abgebogen bist? Was würde dich ohne Blessuren besser ins Ziel bringen?"

„Nach vorne zu schauen."

„Und was hättest du davon zu wissen, woher deine Zweifel kommen? Könntest du deine Vergangenheit ändern?"

„Nein. Aber es wäre doch hilfreich, das zu lokalisieren, um die Zweifel damit aufzulösen, oder nicht?"

„Schon richtig. Aber wenn du in die Vergangenheit schaust, dann nur kurz und abschließend. Vor allem mit Klarheit beendend. Sonst kommst du nicht mehr zu Potte und bindest dich, wie schon gesagt, in dich selbst. Ein Ausweg wird damit recht schwer. Prinzipiell legst du dir damit selbst mehr Steine in den Weg als du wegräumen möchtest."

„Wer kann mir also fachkundig helfen?"

„Am besten Menschen, die um die elementaren Himmelsprinzipien Bescheid wissen. Dann wissen sie auch etwas über die Bedeutung von BINDEN und LÖSEN."

„Jonas, mäkelst du an der Arbeit von Therapeuten herum?"

„Nein, ganz und gar nicht. Lass dir helfen, wenn du nicht mehr weiterweißt. Und da sind Therapeuten schon die richtige Adresse."

„Wie sehe ich, dass es ein guter Therapeut ist?"

„Frage ihn (oder sie, natürlich), ob Wissen oder wenigstens ein Annehmen vom Himmelsprinzipien vorhanden ist."

„Wenn nicht?"

„Weitersuchen, oder sich mit sogenannten irdischen Therapien zufriedengeben."

„Kann das dann zur Auflösung meiner inneren Zweifel kommen?"

„Schon. Aber die himmlische, übergeordnete Liebe? Ist die dann dabei?"

„Weiß ich nicht."

„Probiere es aus, dann wirst du es wissen. Du weißt ja, Erkenntnis kommt immer erst danach. Wichtig ist, sich zu verdeutlichen, dass Zweifel übergeordnet und aus himmlischer Sicht heraus betrachtet, gut mit der himmlischen Maxime zu erklimmen sind. Achte darauf, dass du ins LÖSEN kommst. Das führt dich in die Liebe zu Allem. Auch in die Liebe zu dir selbst. Alles, was dich binden könnte, ist nicht der Liebe des Himmels dienlich.

Dazu gehört für mich zum Beispiel auch der Unfug, Rückführungen in „vergangene Leben" zu veranstalten. Das führt klar ins BINDEN, denn du versuchst so, aus einer nicht mehr änderbaren Vergangenheit Ursachen, und dann Lösungen daraus herzuleiten. Oftmals dienen diese Veranstaltungen auch dazu, Wünsche und Erwartungen zu bedienen. Ich würde da größte Vorsicht walten lassen!

Das ist allein aus deiner eigenen Rückschau aus der Seele heraus sinnvoll, weil du da erst die nötige Reife und Übersicht hast.

„Aber das wird solche rückführenden Lehrer auf die Palme bringen."

„Der Verleitungsansatz in diesen Dingen liegt in deinen Zweifeln und der Suche danach sie aufzulösen. Aber so löst du nichts, sondern schaffst neue Fragen, die dich leider mehr an derartige Lösungsangebote binden.

Eigentlich willst du sie auflösen, was gut ist. Doch dort suchst du nicht im himmlischen Gefilde. Dazu ist das lösende Element Liebe viel besser geeignet. Und direkter noch dazu.

Nur Zweifel, die dich beherrschen, führen dich in solche Machenschaften, wenn ich das mal so sagen darf.

Vertrauen wäre eine gute Grundlage, den besseren Weg mit dem Himmel zu gehen. Die Entscheidung liegt aber immer bei dir selbst."

Hirn oder Herz,
wer zweifelte mehr in dir an Gott?

„Da muss ich einmal in mich gehen, Jonas."

„Siehst du, wie schwer es ist, Zweifel zu
orten und zuzuweisen?"

„Stimmt. Wenn man sie verortet hat, dann kommt
das aus der Hüfte."

„Also, was meinst du nun?"

„Das Herz war mehr verletzt als das Hirn. Das
Hirn war damit erst einmal gar nicht beschäftigt,
weil es nicht rational war, was mir passierte. Es lief
alles im Gefühlsbereich ab, und da ist das Herz
mehr beteiligt als das Hirn."

„Sehe ich auch so. Natürlich ist das Hirn
damit auch beschäftigt, kann aber eher ver-
drängen, als das Herz es kann."

„Aber warum fragst du? Ist es nicht egal, wer damit mehr oder weniger beschäftigt ist?"

„Es ist ganz und gar nicht egal. Hier zeigt sich, dass das Herz eine Vorreiterstellung innehaben sollte. Damit wird deutlich, wie man an eine Auflösung herangehen könnte."

„Es ist mir schon bewusst, dass mein Gefühlsleben in Unordnung kam, um das mal gelinde auszudrücken."

„Das ist schon mal eine klare Definition."

„Und was kann das Hirn nun tun?"

„Das Hirn ist der analytische Teil, der günstigstenfalls direkt nach einem Ereignis zum Zuge kommt und dann analysieren kann. Bestenfalls ohne Emotionen."

Lass doch Hirn und Herz zusammenarbeiten

„Ok, Jonas. Das werde ich in Zukunft vermehrt tun."

„Und was kannst du dabei gut in Anwendung bringen?"

„Das außerpersönliche Betrachten."

„Exakt. Damit gerätst du immer weniger in Situationen, die außer Kontrolle geraten. Herz und Hirn sind im Zusammenspiel eine starke Einheit. Das Herz sollte immer ein wenig im Vordergrund spielen, weil hierdurch die Himmelsprinzipien im Fokus bleiben. Das Hirn neigt eher zu rein rationalen Entscheidungen. Als irdischer Ratgeber ist das nicht schlecht.

Aber du willst doch schon dem Himmel näherkommen, wenn ich das recht verstanden habe. So lass das Herz bewusst als letzten Filter <u>vor</u> Entscheidungen noch einmal darüber schauen. Damit liegst du mehr auf der, für dich, besseren Linie."

Jonas, wer hat es schwerer?

„Menschen, die mit viel irdischem Wissen verstopft sind, oder die, die mehr mit dem Herzen betrachten?"

> „Verstopft hört sich so verurteilend an. Aber gut, ich lasse das mal so stehen, weil es schon den Kern trifft. Ich denke, dass das Denken mit dem Herzen eindeutig Vorteile hat."

„Immer?"

> „Nicht immer. Menschen, die der irdischen Welt noch mehr verbunden sind als der himmlischen Welt, geben dem irdischen Wissen auch mehr Gewicht, weil damit eine gewisse Sicherheit für sie verbunden ist.

Menschen, die in die übergeordnete Lebensbühne streben, geben dem Herzen eindeutig den Vorzug. Ihr nennt das auch die soziale Intelligenz. Diese deutet schon in eine himmlische Richtung. Da fängt das also schon an.

Du hast in deinem Leben viel Neues betrachtet, geprüft und als gut für dich angenommen. Nicht alles war richtig, aber das gilt auch für andere Menschen. Und solange du mit dieser Einstellung niemandem Schaden zufügst, ist es gut so.

Zweifel sind offene Fragen. Kläre sie zeitnah für dich ab. Dann werden sie tief in deinem inneren Geschichtsbuch verschwinden."

Keine Entscheidung? Dann zweifle weiter

Wo ordnest du Zweifel nun ein? Kannst du sie schon unterscheiden, zuweisen und danach besser ausräumen? Sind es mehrere, dann konzentriere dich erst einmal auf ein grundsätzliches Problem.

Zu diesem Grundsatz sage ich dir noch einmal zum Mitschreiben: Der Verstand sollte besser dem Herzen folgen als umgekehrt. Und das Herz kannst du als letzte, prüfende Instanz wunderbar einsetzten."

„Wie meinst du das, Jonas?"

„Grundsätzlich heißt, eine Grundlage zu schaffen, um dich nicht mehr zu schnell den Zweifeln auszuliefern. Sonst geht das immer weiter und weiter."

Von Jonas

Zweifel gründen in der menschlichen Welt und kommen aus Unsicherheit, die im Unvermögen ihre Wurzeln hat.

Innere Beständigkeit und feste Orientierung, wie sie im Himmel gelebt wird, lässt keinen Raum für Zweifel.

Dein Inneres kannst du mit der Zeit festigen. Das Äußere in der Erdenwelt kannst du nicht ändern, also lass es dort, wo es ist. Es ist nicht wert, daran zu verzweifeln.

Bleibst du unsicher, kann man dich schnell in Zweifel bringen, und oft auch zum Umschwenken in eine, für dich ungesunde, Richtung ziehen. Du lässt dich dann wegen deiner inneren Unsicherheit verführen.

Die oberste Maxime des Himmels

..ist die Liebe des Lichtes. Sie kennt keine Zweifel, und lässt dem Binden keinen Raum.

Egal was dir im Leben widerfährt, du hast immer die Wahl, dich zu dieser Liebe zu bekennen oder nicht.

Wähle nur einen Weg. Beide gleichzeitig bedeuten Zweifel. Und die machen dich mit der Zeit krank.

Stellst du irgendwann einmal fest, dass der eingeschlagene Weg doch nicht richtig war, hast du jederzeit die Möglichkeit, die Richtung zu ändern.

So funktioniert der freie Wille.

Tipp

Verströme doch einmal die Liebe des Himmels mit einem freundlichen Gesicht. Schon beim Einkaufen kannst du die Kassiererin anlächeln und so ihre Arbeit würdigen. Du räumst bei ihr auch ihre Zweifel ein wenig weg, die vielleicht aus ständigen Angriffen an ihrem Selbstbewusstsein nagen könnten.

Wenn es von Herzen kommt, hat es etwas Gutes für dich, für die Welt, und den Himmel im Ganzen.

Mehr braucht es fürs Erste nicht.

Und es kosten nichts.

Danke für deine Zeit

Meine größte Freude wäre es, wenn du dem Gespräch mit Jonas etwas für dich entnehmen konntest. Vielleicht hast du ein paar Minuten, um dort, wo du dieses Büchlein erworben hast, ein paar Zeilen hineinzuschreiben.

Auf meiner Webseite:
www.gespräche-mit-jonas.de
freut sich auch mein Gästebuch auf dich :)

Der Autor